S0-DQY-986

EURÊKA!
Les Plantes

Wendy Baker et Andrew Haslam

Texte de
Claire Watts et Alexandra Parsons

Photographie: Jon Barnes
Coordinateur de la collection: John Chaldecott
Consultant scientifique: Bob Press
Botaniste

Les éditions Scholastic
123, Newkirk Road, Richmond Hill (Ontario) Canada L4C 3G5

Il est interdit de reproduire, d'enregistrer ou de diffuser en tout ou en partie le présent ouvrage, par quelque procédé que ce soit, électronique, mécanique ou autre, sans avoir obtenu au préalable l'autorisation écrite de l'éditeur.

Copyright © Two-Can Publishing Ltd., 1992. Tous droits réservés

Édition originale publiée en 1992 par Two-Can Publishing Ltd., Londres

Titre original: Make It Work! Plants

ISBN: 0-590-24331-4

Exclusivité au Canada et aux États-Unis:
Les éditions Scholastic
123, Newkirk Road, Richmond Hill (Ontario) L4C 3G5

432   Imprimé à Hong-Kong   6/9

Données de catalogage avant publication (Canada)
Baker, Wendy
    Les Plantes

    (Eurêka)
    Traduction de: Plants.
    ISBN 0-590-24331-4

    1. Plantes – Ouvrages pour la jeunesse.
    2. Plantes – Expériences - Ouvrages pour la jeunesse.
    3. Botanique – Ouvrages pour la jeunesse.
    4. Botanique – Expériences – Ouvrages pour la jeunesse.
    I. Haslam, Andrew. II. Barnes, Jon. III. Watts, Claire.
    IV. Parsons, Alexandra. V. Baker, Wendy. Eurêka!.

    QK49.B314 1994   j581   C94-930741-6

Rédacteurs: Claire Watts et Mike Hirst
Illustrateurs: Diana Leadbetter
Photographies d'enfants: Matthew Ward

Nous tenons à remercier également Albert Baker, Catherine Bee, Tony Ellis, Elaine Gardner, Nick Hawkins, Claudia Sebire et l'ensemble des collaborateurs de Plough Studios

Table des matières

Les mots imprimés en **caractères gras** sont expliqués dans le glossaire.

4   Les scientifiques

Les scientifiques analysent le monde qui les entoure en étudiant des sujets variant de l'électricité aux comportements humain et animal. La botanique est l'étude des plantes, une branche de la biologie, qui a pour objet l'étude de tous les êtres vivants. Les botanistes étudient la structure des plantes, leurs fonctions, leur **environnement** et leurs utilisations.

À TOI DE JOUER!

Dans ce livre, tu vas découvrir la botanique. Au fur et à mesure que tu réaliseras les expériences, tu vas toi-même étudier le monde des plantes. Il est très important d'employer pour cela des méthodes scientifiques. Dessine les différentes étapes de ta recherche aussi précisément que possible, ou bien prends des photos. N'oublie pas d'étiqueter tous tes spécimens: tu pourras ainsi les identifier facilement par la suite.

Les scientifiques étudient leurs sujets de manière progressive et détaillée. Ils notent avec précision les résultats de leurs observations et utilisent ces résultats pour définir des **théories**, puis réalisent des expériences pour les vérifier. De nombreuses expériences sont parfois nécessaires avant de trouver une solution satisfaisante à un problème.

▲ Utilise une pince à épiler pour manipuler les fleurs, les feuilles et les graines fragiles. Conserve tes spécimens dans des sacs en plastique fermés jusqu'à ce que tu les utilises.

▶ Prends des notes détaillées et classe-les pour pouvoir les retrouver facilement.

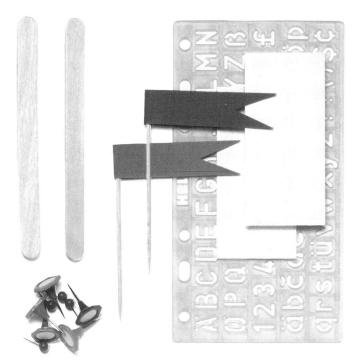

Carton Récupère des morceaux de carton fin et épais de boîtes et autres emballages. Ils te serviront pour tes expériences.

Bristols de couleur Il est utile d'avoir des bristols de différentes couleurs. Si tu n'en as pas, tu peux peindre des bristols blancs.

Papier Choisis des feuilles de papier de différentes épaisseurs et textures. Procure-toi une pile de papier brouillon pour faire des essais. Réutilise le papier chaque fois que tu le peux.

Règle Emploie une règle pour prendre des mesures précises. Un rapporteur et une équerre pourront aussi t'être utiles.

▲ Étiquette toujours les objets clairement, pour te rappeler de quoi il s'agit.

Matériel nécessaire

Tu pourras te procurer facilement tout le matériel nécessaire à tes expériences. Tu devrais pouvoir le trouver chez toi ou dans une papeterie.

Colle Utilise une colle tous usages, sauf indication contraire. Si tu as besoin d'une colle résistante à l'eau, prends de la colle à rustines.

Ciseaux Fais très attention lorsque tu utilises une paire de ciseaux. Les ciseaux à bouts ronds sont les moins dangereux.

Couteau de dessinateur Pour couper un objet de manière précise. Fais très attention et n'hésite pas à demander à un adulte de t'aider.

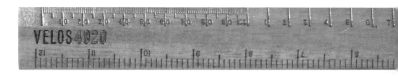

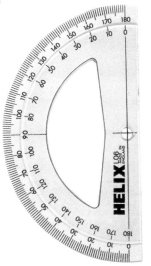

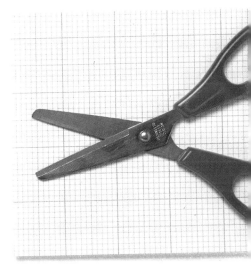

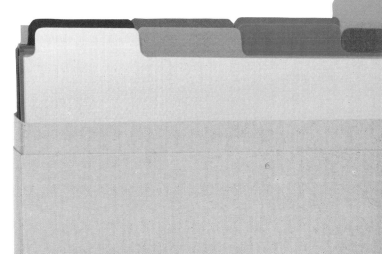

La collecte de **spécimens** fait partie du travail des scientifiques. En rassemblant, en **cataloguant** et en comparant des échantillons de végétaux, les botanistes essaient de découvrir les caractéristiques des différentes **espèces** de plantes. La collecte et l'étude de telles **données** sont primordiales à toute science.

À TOI DE JOUER!

Rassemble tes propres spécimens de différentes sortes de plantes. Puis fabrique une boîte pour les ranger et les présenter.

Matériel nécessaire

du carton épais	de la colle ou du ruban adhésif
une règle	des cure-dents
un crayon	des bâtonnets de glaces
du papier de couleur	un couteau de dessinateur

1 Choisis la taille de ta boîte. Découpe une surface plate de carton suivant le modèle présenté sur la photographie de la page de droite.

2 Dessine des lignes sur la boîte pour repérer l'emplacement exact des séparations.

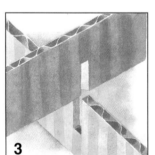
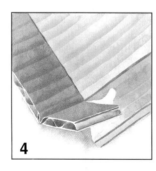

3 Pour fabriquer ces séparations, découpe des bandes de carton de la même hauteur que la boîte. Encastre-les en découpant une fente sur la moitié supérieure d'une séparation et sur la moitié inférieure de l'autre.

4 Replie les bords de la boîte. Rabats leurs extrémités et colle-les pour former les coins. Enfonce les bandes dans la boîte pour former les séparations.

mouchoir en papier

coton

sciure de bois

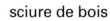

5 Étale de la sciure de bois, du coton ou des mouchoirs en papier au fond de la boîte avant d'y placer ta collection de spécimens.

Les plus petites plantes du monde sont les diatomées. Elles poussent dans l'eau et ne peuvent être vues qu'au microscope. La plus grande plante du monde est un arbre de Californie, le séquoia. Certains séquoias atteignent 102 mètres, la hauteur d'un immeuble de 30 étages.

Les plantes sont les formes de vie les plus anciennes de notre planète. Les plantes sans fleurs sont apparues il y a plus de 570 millions d'années. Les premiers dinosaures se nourrissaient de fougères géantes et de ginkgos. Les plantes à fleurs, comme le magnolia, sont apparues par la suite.

On ne connaît pas exactement le nombre d'espèces de plantes qui existent dans le monde. Les plantes à fleurs pourraient rassembler à elles seules plus de 240 000 espèces. Les autres groupes de plantes importants sont les **fougères**, les **conifères**, les **lichens**, les **mousses**, les **algues** et les **champignons**.

L'étiquetage

Trie tes spécimens en plusieurs catégories, par exemple, graines, fleurs et noix. Recherche leurs noms dans des livres ou en demandant autour de toi. Fabrique des étiquettes à partir de bâtonnets de glaces ou en confectionnant des petits drapeaux avec du papier de couleur et des cure-dents. Elles te permettront par la suite d'identifier tes spécimens. Fixe ces étiquettes avec de la colle ou du ruban adhésif dans les différents compartiments de la boîte. Essaie de trouver les noms scientifiques des spécimens et note-les aussi sur tes étiquettes.

En 1753, un scientifique, Carl von Linné, a inventé un système de noms latins pour classer l'ensemble des êtres vivants. Les plantes ont ainsi un nom en deux parties. La première partie correspond au genre (ou famille) auquel appartient la plante. La seconde représente le nom de l'espèce dans cette famille – le bouleau argenté est appelé Betula Pendula. Betula est le nom latin de la famille, le bouleau, et Pendula le nom de l'espèce.

▼ Fabrique un deuxième étage dans une partie de ta boîte. Les séparations doivent faire la moitié de la hauteur de la boîte. Construis ensuite un petit plateau peu profond qui s'encastrera sur le dessus.

Tous les êtres vivants grandissent s'ils sont nourris et les plantes ne font pas exception à cette règle. En fait, à la différence des êtres humains et des animaux, les plantes continuent de grandir pendant toute leur vie. Elles se nourrissent des minéraux et des sels contenus dans le sol, de la lumière du soleil et du **gaz carbonique**.

À TOI DE JOUER!

Les plantes et les arbres sont tous nés de quelque chose. Les gigantesques chênes ont tous été des glands et les champs de maïs, des sacs de graines. Pour pousser, il leur a fallu du soleil, de la pluie et un sol fertile. Expérimente trois manières de faire pousser des plantes: à partir d'une graine, d'un bulbe et d'une bouture. Tu peux acheter des graines et des bulbes. Pour la bouture, coupe une pousse sur une plante vigoureuse, à l'endroit où elle est reliée à la tige.

graines de cresson

maïs

fèves

▲ On trouve des graines de toutes les tailles et de toutes les formes.

Matériel nécessaire

un plat peu profond	du papier buvard
des graines de cresson	du gravier
du terreau	un bulbe
une bouture de plante	
deux pots de fleurs et deux soucoupes	
un verre d'eau	

1 Sème les graines de cresson Découpe le papier buvard suivant la forme du fond du plat. Humecte-le d'eau et parsème-le de graines de cresson. Le buvard doit rester humide. Observe le cresson qui germe. Lorsqu'il est assez grand, moissonne ta récolte avec des ciseaux et garnis-en salades et sandwichs.

▲ Au bout de deux jours, les graines de cresson ont gonflé et de petites pousses bouclées en sortent.

▲ Au bout de quatre jours, de petites feuilles vertes apparaissent. Ton cresson sera prêt à être mangé au bout de six jours.

bulbe de crocus

bulbes de jonquille

2 Plante le bulbe Place une couche de gravier dans la soucoupe du pot de fleur. Il aidera l'eau à s'écouler du pot afin que le bulbe ne soit pas détrempé ni saturé d'eau.

3 Fais prendre racine à la bouture Place la tige de la bouture dans un verre d'eau. Quand tu vois apparaître les racines, plante la bouture dans du terreau et arrose-la régulièrement.

Remplis le pot de terreau et enterre le bulbe au milieu. L'extrémité pointue du bulbe doit être située à environ un centimètre sous la surface du terreau.

Le terreau doit toujours rester humide. Place le pot dans un placard sombre jusqu'à ce qu'une petite pousse verte apparaisse. Mets-le alors dans un endroit éclairé. Les bulbes doivent être arrosés souvent, mais avec une petite quantité d'eau.

L'air est un mélange d'oxygène, de gaz carbonique, d'azote et d'autres gaz. Chaque être vivant a besoin de certains de ces gaz pour survivre. Les humains consomment de l'oxygène et rejettent du gaz carbonique. Les plantes consomment du gaz carbonique et rejettent de l'oxygène.

12 Mesurer la croissance

Toutes les plantes ne poussent pas à la même vitesse. Le cycle de vie de certaines plantes ne dure qu'un an: le maïs, par exemple, qu'on sème après les gelées hivernales, commence à pousser au printemps, mûrit en été et est prêt pour la récolte à l'automne. D'autres plantes, comme les arbres, mettent des années pour arriver à maturité et continuent à pousser pendant des siècles. La plupart des plantes vertes grandissent par leurs extrémités: vers le haut par leurs tiges et vers le bas par leurs racines. Les plantes ligneuses, elles, s'étendent aussi en largeur. Chaque année, elles ajoutent une épaisseur à leurs troncs.

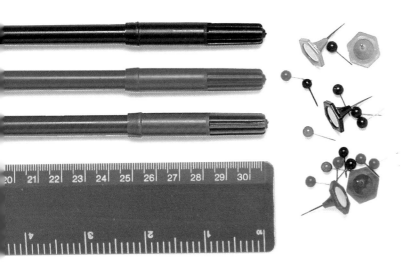

À TOI DE JOUER!
Les plantes poussent parce qu'elles possèdent des **hormones** de croissance qui contrôlent la manière dont elles se développent et assurent que les racines poussent vers le bas et les tiges vers le haut. La croissance verticale est appelée croissance primaire, la croissance en largeur, croissance secondaire. Mesure la croissance primaire d'une plante verte et celle d'une graine de cresson. Mesure aussi les feuilles pour observer la croissance secondaire.

Matériel nécessaire
une règle   du carton
des baguettes de bois   des punaises
de la colle   de la peinture

Pour mesurer la croissance de la racine et de la tige

1 Fabrique une règle en carton. Place le zéro au centre de la bande de carton et, avec la règle, fais une marque à tous les millimètres, de chaque côté du zéro, jusqu'aux deux extrémités de la bande. Le bout pointu sera destiné à la racine.

2 Plante une poignée de cresson et retire une pousse chaque jour pour la mesurer. Place la graine sur le zéro et note la croissance de la racine vers l'extrémité pointue de la règle en carton et la croissance de la tige vers l'autre extrémité.

premier jour

quatrième jour

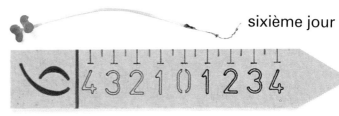

sixième jour

De nombreux arbres ont une période de croissance très limitée dans l'année, au cours du printemps et de l'été. Lorsqu'on coupe un arbre, on peut voir des anneaux concentriques sur le tronc. Ils correspondent aux périodes de croissance annuelles successives. En comptant ces anneaux, on connaît l'âge de l'arbre.

Pour mesurer la croissance de la tige

Choisis une plante verte jeune et vigoureuse et plante dans son pot une baguette de bois assez longue. Prépare quelques étiquettes de bristol et colle-les sur la baguette pour repérer les progrès réalisés par la plante. Tu peux la mesurer chaque semaine ou chaque mois, selon la rapidité de sa croissance.

Essaie de mesurer des plantes d'espèces différentes. Est-ce qu'elles poussent toutes à la même vitesse?

Pour mesurer la croissance des feuilles

1 Réalise cette expérience au printemps, lorsque les nouvelles feuilles apparaissent. Prépare une carte de repérage semblable à la carte ci-dessus.

2 À intervalles réguliers, cueille une feuille du même arbre. Avec un pinceau, recouvre la feuille d'une couche de peinture épaisse.

3 Prends l'empreinte de la feuille (suis pour cela les conseils de la page 28). Lorsque la peinture est sèche, découpe la forme de la feuille.

4 Colle l'empreinte ainsi réalisée sur la carte de repérage.

La plupart des plantes vont puiser l'eau dans le sol par leurs racines. L'eau remonte par la tige de la plante jusqu'aux feuilles et aux fleurs. Une partie de cette eau est transformée en nourriture et le reste **s'évapore** dans l'air par la surface des feuilles.

À TOI DE JOUER!

Tu vas pouvoir étudier maintenant comment l'eau remonte dans la tige des plantes. Réalise ton expérience avec plusieurs sortes de fleurs blanches pour déterminer lesquelles donnent le meilleur résultat. Tu peux aussi essayer avec une branche de céleri.

Matériel nécessaire

des fleurs blanches	de l'eau
des récipients en verre	du carton
des colorants alimentaires	du ruban adhésif

1 Remplis d'eau plusieurs récipients en verre et verse dans chacun un colorant alimentaire différent. Utilise une grande quantité de colorant pour que l'eau soit suffisamment foncée.

2 Place une fleur dans chaque vase et attends que les tiges aient absorbé l'eau colorée.

3 Observe les fleurs changer de couleur au fur et à mesure que l'eau remonte dans la tige. Tu devras peut-être attendre plusieurs heures.

▼ Crée une fleur multicolore! Divise la tige d'une fleur en deux par son milieu et remplis deux récipients avec des colorants différents. Place une moitié de la tige dans un vase et la deuxième moitié dans l'autre.

Les botanistes ont constaté que les racines d'un seul plant de seigle d'hiver peuvent atteindre 622 kilomètres de longueur dans un volume inférieur à 0,1 mètre cube.

Pour enregistrer tes observations

Fabrique une règle **étalonnée** avec du bristol. Elle te permettra de contrôler la quantité d'eau consommée par une plante. Note la différence de hauteur de l'eau dans le récipient pour une période donnée. Compare les résultats obtenus avec plusieurs fleurs et plantes: tu t'apercevras que certaines plantes boivent plus que d'autres.

▲ Pour pouvoir capturer les rares pluies du désert, les cactus ont des racines peu profondes mais étalées sur une grande surface. Ils absorbent aussi la brume et la rosée par leurs épines.

16 L'environnement

Les plantes se sont adaptées aux climats variés qui règnent dans les différentes parties du monde. Certains endroits sont chauds et secs, d'autres froids et humides, mais on trouve des plantes presque partout.

À TOI DE JOUER!

Les joncs poussent dans les marécages humides et les muglas dans le désert australien chaud et sec. Les pins poussent dans les forêts neigeuses et les algues dans la mer. Cherche des noms de plantes qui se développent dans des environnements différents, pour jouer au jeu présenté sur les pages suivantes.

Matériel nécessaire	
des bristols de couleur	du carton
un couteau de dessinateur	de la colle
du papier quadrillé	un crayon à papier
	une règle

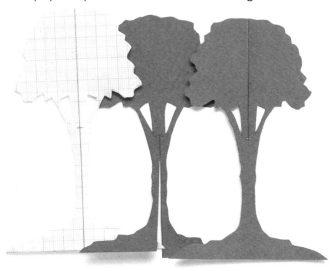

1 Commence par créer tes plantes. Choisis quatre environnements différents et un type de plante pour chacun. Trace deux fois le contour de la plante sur un bristol de couleur et découpe les deux formes. Fais une fente verticale dans chaque forme et encastre-les de manière à ce que la plante tienne debout. Fabrique quatre exemplaires de chaque plante. Emploie une couleur différente par type de plante.

2 Fabrique le tableau de jeu. Dessine un damier de douze colonnes horizontales et verticales. Découpe ensuite des petits carrés dans du bristol de couleur: treize carrés rouges, treize jaunes, treize bleus et cinq noirs. Dispose-les sur le tableau pour créer un parcours semblable à celui ci-dessous. Colle une flèche de départ à chaque coin.

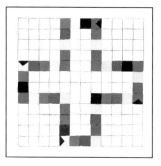 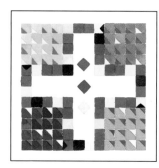

3 Ensuite, crée les quatre zones d'environnement du tableau de jeu, une pour chaque type de plante, dans la même couleur que la plante. Chaque zone occupe un quart du damier et est composée de quatre carrés et de seize cases plus petites.

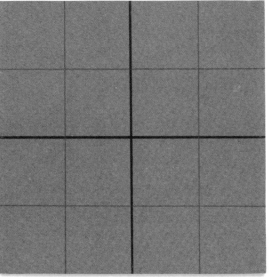

4 Fabrique les triangles de climats: le rouge représente la chaleur, le bleu, l'eau et le jaune, la lumière. Colle ces triangles de climats dans les zones d'environnements, pour définir les milieux qui correspondent aux plantes. Par exemple, un désert comprendra essentiellement des triangles rouges et jaunes alors qu'une rive marécageuse aura surtout des triangles bleus et jaunes.

▼ Tu peux utiliser de nombreux types de plantes et d'environnements pour jouer.

désert australien   marécage

5 Fabrique les pions des joueurs. Chaque joueur doit avoir trois pyramides de la même couleur que ses plantes. Découpe un triangle dans du papier quadrillé: la base du triangle doit avoir la même longueur qu'une case du tableau de jeu. Reporte cinq fois le triangle, en plaçant côte à côte les côtés les plus longs. Découpe, replie et colle la pyramide comme illustré ci-dessus.

6 Fabrique douze pyramides rouges, douze bleues et douze jaunes. Tu dois rassembler des pyramides de climats de la bonne couleur afin de faire pousser les plantes de ta zone.

forêt tropicale   mer   forêt de conifères   désert

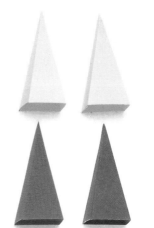

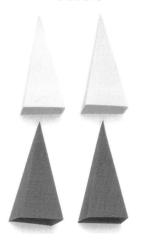

pyramides de climats

Le jeu de l'environnement

Le but du jeu est de rassembler assez de chaleur, de lumière et d'eau pour faire pousser les plantes dans ta zone d'environnement. Mais attention! Si tu tombes sur un carré noir, ton environnement va subir un désastre écologique.

1 Au début du jeu, chaque joueur place ses trois pions sur la case départ qui correspond à sa zone d'environnement. Les pyramides de climats bleues, jaunes et rouges sont empilées au centre.

2 Lancez le dé chacun à votre tour. Chaque joueur choisit l'un de ses trois pions, et le déplace dans le sens des aiguilles d'une montre du nombre de cases indiqué par le dé.

3 Lorsque tu te retrouves sur une case colorée, prends une pyramide de la couleur de la case et place-la sur l'une de tes cases de climats de la même couleur. Lorsque les quatre cases qui composent une section sont recouvertes, replace les pyramides au centre du tableau et prends une plante. Bravo!

4 Si tu ne peux pas éviter d'atterrir sur une case noire, ton environnement est atteint d'un désastre écologique. Tu perds toutes tes pyramides, mais tu gardes les plantes acquises.

5 Si tu te retrouves sur une case occupée par le pion d'un autre joueur, tu peux prendre une pyramide dans l'environnement de ce joueur.

6 Le gagnant est le premier joueur qui arrive à planter ses quatre plantes dans sa zone d'environnement.

La plupart des plantes changent avec les saisons. Avec beaucoup de soleil et d'eau, elles poussent rapidement, produisent de nouvelles pousses et de nouvelles feuilles. Durant les saisons froides ou sèches, elles semblent souvent s'arrêter totalement de pousser. Les arbres à **feuilles caduques** ont de larges feuilles plates qui dégagent beaucoup d'humidité. Ils perdent leurs feuilles en automne afin de conserver l'eau et l'énergie pendant les mois d'hiver très froids.

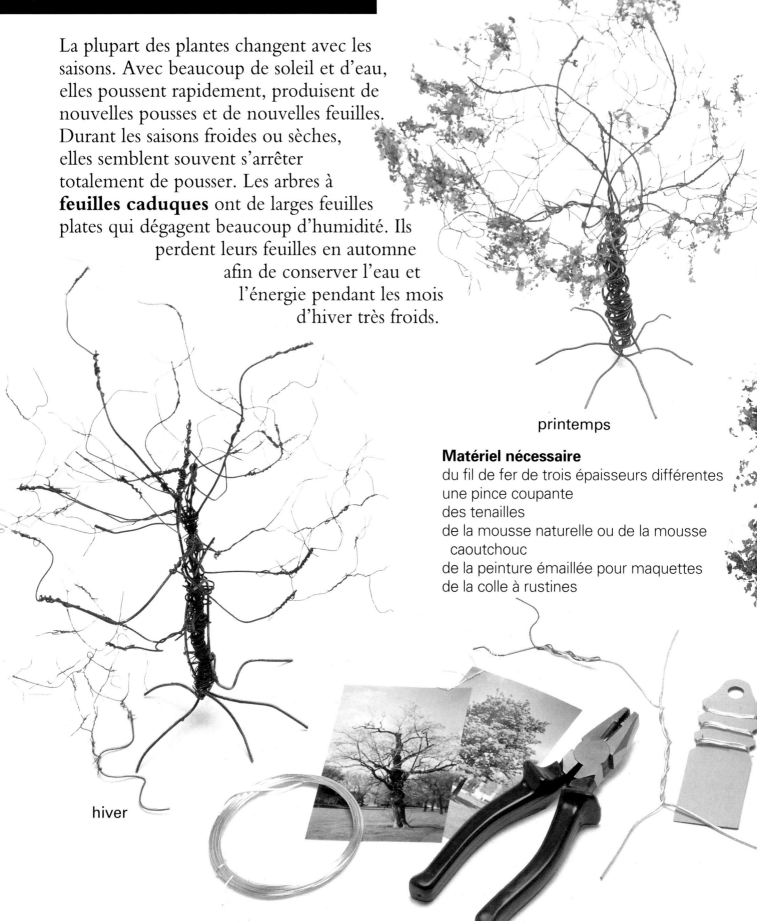

printemps

hiver

Matériel nécessaire
du fil de fer de trois épaisseurs différentes
une pince coupante
des tenailles
de la mousse naturelle ou de la mousse
  caoutchouc
de la peinture émaillée pour maquettes
de la colle à rustines

À TOI DE JOUER!

Ces sculptures d'arbres illustrent l'évolution des arbres au cours des saisons. Si c'est possible, imite les changements observés sur un arbre réel. Pour t'aider, tu peux photographier un arbre. Observe attentivement comment les branches se divisent et deviennent de plus en plus fines.

1 Commence par tordre ensemble plusieurs morceaux de fil de fer épais pour former le tronc et les branches principales. Au besoin, emploie la pince. Prends garde; le fil de fer peut être pointu.

2 Attache à chaque branche principale plusieurs branches faites de fil de fer d'épaisseur moyenne, puis fixe à ces branches des petites branches faites de fil de fer fin.

automne

été

◀ Pour faire ton arbre, demande à un adulte de t'aider à couper les morceaux de fil de fer.

3 Fabrique trois autres arbres de la même façon. Peins les arbres d'automne et d'hiver de couleur foncée. Peins les petites branches des arbres de printemps et d'été en vert.

4 Ramasse des mousses à toutes petites feuilles ou des plantes grimpantes pour les feuilles. Si tu n'en trouves pas, utilise de petits morceaux de mousse caoutchouc. Ton arbre ne sera pas tout à fait aussi réaliste, mais après tout, c'est une œuvre d'art.

5 Colle quelques feuilles sur l'arbre de printemps et applique un peu de peinture vert clair. Colle beaucoup de feuilles sur l'arbre d'été et peins-les en vert foncé. Emploie du rouge et de l'orange pour les feuilles de l'arbre d'automne et répands-en quelques-unes à sa base, comme si elles étaient tombées.

Toutes les régions du monde n'ont pas quatre saisons. Dans les régions tropicales, il fait chaud toute l'année. Il n'y a que deux saisons: la saison sèche et la saison des pluies.

Les arbres sont les plus grandes plantes qui existent. Ils possèdent des tiges de bois épaisses qui se divisent en branches. Si tu observes attentivement la manière dont les branches poussent, tu y retrouveras un motif régulier. Chaque espèce d'arbre a une forme particulière.

À TOI DE JOUER!

Regarde les formes des arbres qui t'entourent. Certains sont hauts et étroits, d'autres sont larges et arrondis. Bien que la plupart aient des feuilles vertes, les nuances de vert sont très diverses. Découvre des arbres hors du commun en feuilletant livres et magazines. Quels arbres poussent en groupe? Quels arbres sont solitaires? Fabrique ta propre forêt de carton.

Matériel nécessaire

de grandes feuilles de papier
de grands morceaux de carton
un couteau de dessinateur
du papier quadrillé
une grande règle
du papier-calque
du bristol
un crayon

chêne

1 Dessine le contour d'un arbre sur du papier. Entraîne-toi sur du papier brouillon pour obtenir une forme aussi précise que possible.

2 Reporte ton dessin sur du carton et découpe-le avec le couteau de dessinateur. Découpe deux formes identiques de cette façon.

Les arbres sont très importants pour la planète parce que, comme toutes les plantes, ils consomment du gaz carbonique et rejettent de l'oxygène. Les arbres protègent l'équilibre des gaz dans l'atmosphère terrestre.

peuplier d'Italie   frêne d'Amérique du Nord

3 Fais une fente du haut jusqu'au milieu de l'une des formes et du bas jusqu'au milieu de l'autre. Encastre-les l'une dans l'autre.

4 Détermine quelles espèces d'arbres poussent à proximité du tien et fabrique de nouvelles maquettes. Rassemble-les pour former une forêt miniature.

▼ Tu peux utiliser la même technique pour créer des arbres géants. Dessine un grand quadrillage sur une grande feuille de papier. Copie les lignes qui traversent chaque carré de ton dessin original sur le nouveau quadrillage. Reporte les contours sur de grands morceaux de carton et encastre-les ensemble comme tu l'as déjà fait pour les autres arbres.

24 L'écorce

Le tronc d'un arbre se compose d'un ensemble complexe de cellules: des cellules de réserve, des cellules de soutien et des cellules de **sève** qui transportent l'eau et les éléments nutritifs vers toutes les parties de l'arbre. Le tronc est protégé par l'écorce qui l'entoure. L'écorce est composée de cellules mortes. Sa texture et son épaisseur varient suivant les arbres. Certaines écorces sont épaisses et profondément striées, d'autres sont fines et lisses. Au fur et à mesure qu'un arbre grandit, l'écorce se fend et forme des fissures où s'installent les mousses et où s'abritent des scarabées et des araignées.

À TOI DE JOUER!

Pour comparer les différents aspects et textures de l'écorce, réalise une série de frottis en marquant le type d'arbre et la date du frottis.

Matériel nécessaire

des anneaux de classeur
du papier de couleur
des crayons gras
du ruban adhésif
une perforatrice
du bristol épais

1 Lorsque tu sors pour réaliser tes frottis, prends des feuilles de papier de couleur (de préférence de format A4), du ruban adhésif et des crayons gras.

2 Examine l'écorce de l'arbre, choisis une zone intéressante et colle ta feuille de papier à cet endroit. Utilise de préférence du papier-cache adhésif. Ce ruban collera à l'arbre, mais tu pourras ensuite l'enlever sans abîmer ta feuille.

3 Frotte ton crayon gras sur le papier; le motif de l'écorce doit apparaître progressivement. Ne frotte pas trop fort pour ne pas déchirer le papier.

4 Une fois de retour à la maison, il est temps de classer et de cataloguer tes trouvailles. Fabrique un classeur avec deux feuilles de carton épais et deux anneaux. Ton classeur peut être de la moitié du format A4, ou même plus petit, car tu n'y conserveras que la plus belle partie de tes frottis, que tu auras découpée.

5 Étiquette tes frottis, date-les, perfore-les en haut de la page et classe-les. Tu peux aussi réaliser des frottis de feuilles et les cataloguer de la même manière.

L'écorce des arbres est une matière très utile. Par exemple, on extrait de l'écorce du pin une substance nommée tannin. Cette substance permet de transformer la peau des animaux en cuir. On tire de l'écorce du saule l'aspirine utilisée pour les médicaments et l'écorce du chêne-liège fournit les bouchons de bouteilles et les dalles de liège.

Les feuilles fabriquent la nourriture des plantes. Elles ont pour cela besoin d'eau, aspirée à partir des racines, de gaz carbonique, qu'elles trouvent dans l'air, et de lumière. Ce phénomène est appelé **photosynthèse**. Le résultat est une sorte d'amidon sucré, la sève, qui est acheminé dans toutes les parties de la plante. La photosynthèse s'effectue dans les cellules de la couche spongieuse à l'intérieur de la feuille. La surface protectrice de la feuille laisse passer l'air, tandis que l'eau et la sève circulent dans ses nervures.

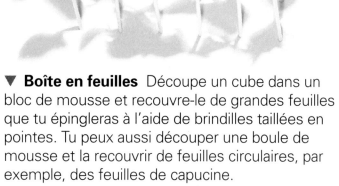

▼ **Boîte en feuilles** Découpe un cube dans un bloc de mousse et recouvre-le de grandes feuilles que tu épingleras à l'aide de brindilles taillées en pointes. Tu peux aussi découper une boule de mousse et la recouvrir de feuilles circulaires, par exemple, des feuilles de capucine.

À TOI DE JOUER!
Certaines feuilles sont d'un vert pâle et doré, d'autres d'un rouge sombre et cuivré. Certaines sont douces et épaisses, d'autres dures et brillantes. Prends le temps de les regarder! Fais des sculptures en employant autant de feuilles différentes que tu peux en trouver. Tu trouveras ci-après quelques idées pour commencer. Tu peux photographier les résultats ou les regarder sécher et changer de couleur.

Les feuilles constituent un élément vital de toutes les plantes. Chaque espèce de plante vit dans un environnement spécifique et a des besoins particuliers, c'est pourquoi les feuilles sont aussi différentes que les plantes ou les arbres dont elles proviennent. Le vert des feuilles vient de la **chlorophylle***, substance chimique contenue dans les cellules des feuilles, indispensable à la fabrication de la nourriture.*

◀ **Forêt de feuilles** Choisis des feuilles de couleurs différentes. Glisse chaque feuille dans un cure-dents fendu. Enfonce les cure-dents dans une feuille de papier et fixe-les par-dessous à l'aide de ruban adhésif.

▶ **Guirlande de feuilles** Avec une grosse aiguille et du fil solide, fabrique une guirlande de feuilles et suspends-la pour observer les changements de couleurs.

▼ **Fougère de fougères** Cette fougère a été dessinée à l'aide de fougères de différentes tailles. Tu peux aussi créer une feuille de chêne géante avec des feuilles de chêne ou une feuille de lierre avec d'autres feuilles de lierre.

Les **fougères** poussent en général dans des endroits humides et sombres. Elles figurent parmi les plus anciennes plantes de notre planète et, bien qu'elles n'aient pas de fleurs, leurs feuilles ont des aspects très variés.

Les formes des feuilles sont encore plus variées que leurs couleurs. Certaines sont plates et larges, d'autres étroites et pointues, d'autres encore épaisses et charnues. Les fleurs ont, elles aussi, des aspects très différents: elles peuvent avoir la forme d'énormes boules, de trompettes élégantes ou de boutons délicats et minuscules. Les formes diverses des fleurs et des feuilles aident les plantes à survivre dans leur environnement naturel.

Matériel nécessaire

des feuilles et des fleurs	un pinceau
du papier	un rouleau
de la peinture épaisse	un journal

gerbera

saxifrage

peuplier

laurier

fougère

feuille lobée

feuille composée

▲ N'oublie pas d'inscrire sur tes empreintes le nom des feuilles ou des fleurs que tu as employées.

marguerite

À TOI DE JOUER!

Rassemble des empreintes de feuilles et de fleurs diverses. Peux-tu trouver une explication aux formes spécifiques de certaines d'entre elles?

1 Avec un pinceau large, recouvre l'arrière d'une feuille d'une fine couche de peinture.

2 Place le côté peint de la feuille sur le papier et recouvre avec du papier journal ou du papier kraft.

3 Passe le rouleau sur le papier kraft, en appuyant légèrement, de manière à ce que la peinture soit transférée sur le papier.

4 Pour prendre des empreintes de fleurs, recouvre-les de peinture et appuie fermement de la main contre le papier.

Les feuilles sont divisées en trois groupes principaux: les feuilles simples, à une seule lame; les feuilles lobées, dont la forme rappelle une patte palmée de canard et les feuilles composées, qui ressemblent à plusieurs feuilles rattachées à une tige unique.

Les plantes représentent une source importante de nourriture. Nous mangeons des fruits, qui sont en fait des cosses de graines, et nous mangeons diverses parties des plantes légumineuses. Les carottes et les navets sont des racines, le brocoli est une fleur, l'asperge une tige et l'épinard une feuille.

À TOI DE JOUER!

Observe plusieurs fruits et légumes. Examine leur texture. Certains sont denses et secs, d'autres juteux. Sais-tu de quelle partie de la plante ils proviennent? Étudie leur forme en rassemblant des empreintes.

1 Coupe le fruit ou le légume que tu as choisi dans sa partie la plus épaisse, soit dans sa largeur (horizontalement), soit dans sa hauteur (verticalement), en recherchant l'effet le plus intéressant.

2 Recouvre la tranche du légume ou du fruit découpé d'une fine couche de peinture épaisse.

3 Applique fermement le côté peint sur le papier. Essaie d'exercer une pression régulière en une seule fois, pour éviter les taches et les bavures.

4 Laisse sécher ton empreinte, puis étiquette-la et place-la dans un classeur (voir page 24). Ne mange surtout pas les fruits ou les légumes qui ont été peints.

Matériel nécessaire

des fruits et des légumes
de la peinture épaisse
du papier blanc
un pinceau

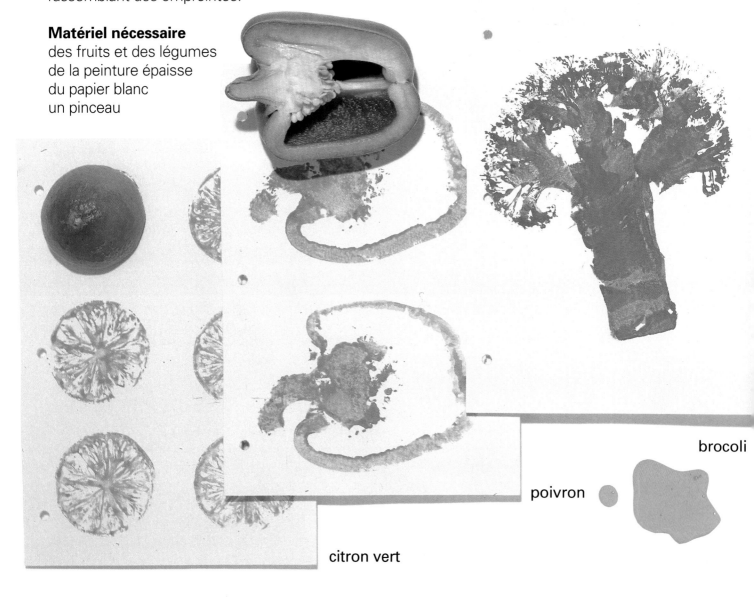

poivron

brocoli

citron vert

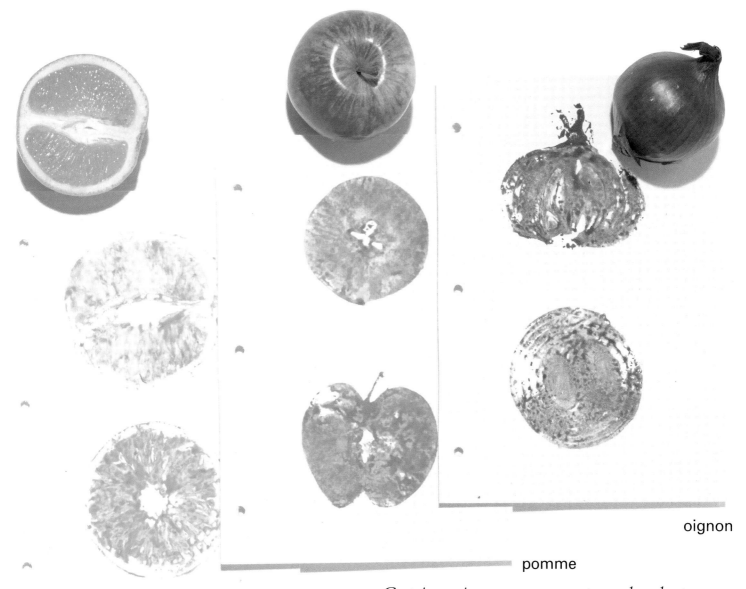

oignon

pomme

orange

Certains animaux ne mangent que des plantes, on les appelle des herbivores. D'autres ne mangent que de la viande et sont appelés des carnivores. D'autres encore, et de nombreux êtres humains, mangent de la viande et des plantes. On les appelle alors des omnivores. Les plantes sont toutefois primordiales dans le régime alimentaire de tous les êtres vivants. S'il n'y avait pas de plantes, les herbivores n'auraient pas assez à manger et finiraient par disparaître. Sans herbivores, les carnivores et les omnivores ne trouveraient plus de viande. Sans les plantes, il n'y aurait donc pas de vie, humaine ou animale, sur la planète Terre.

Si tu observes attentivement les fleurs, tu remarqueras que toutes sont composées de quatre parties principales: les **sépales** externes, qui entourent la fleur pendant sa croissance; la **corolle**, ou pétales ; les **étamines**, petites tiges terminées par des sacs de grains de **pollen** et les **carpelles**, partie où se développent les graines.

Matériel nécessaire

du bristol   du papier de couleur épais
des fleurs   de la colle résistante à l'eau
du papier quadrillé   un couteau de dessinateur

À TOI DE JOUER!

Fabrique des maquettes de fleurs en imitant des fleurs de jardin ou des photographies.

2 Sur un morceau de bristol, reporte le plus grand patron et découpe-le d'une pièce. Recommence avec les deux autres patrons. Colle le plus petit sur le moyen et le moyen sur le grand.

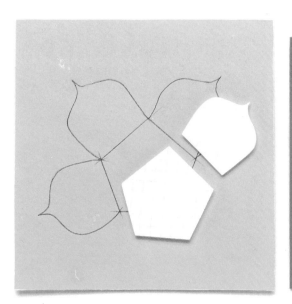

1 Dessine un pentagone sur du papier quadrillé. Trace ensuite un pétale, dont la base aura la taille de l'un des côtés du pentagone. Recommence trois fois, en dessinant chaque fois un pentagone un peu plus petit que le précédent. Découpe ces formes; elles te serviront de patrons pour les pétales. Tu peux créer de la même façon un patron pour les feuilles.

3 Découpe et plie un morceau de bristol pour former les étamines et les carpelles de ta fleur.

4 Replie les pétales de manière à ce que la fleur ressemble à un bouton fermé. Place-la alors dans un récipient d'eau et regarde-la s'ouvrir. Tu peux ensuite la faire sécher et la réutiliser.

*Les fleurs sont l'appareil **reproductif** de la plante. Elles contiennent à la fois les cellules mâles, appelées pollen, et les cellules femelles, appelées ovules ou oeufs. Les ovules sont situés à l'intérieur des carpelles. La reproduction s'effectue lorsque le pollen entre dans les carpelles et féconde un ovule.*

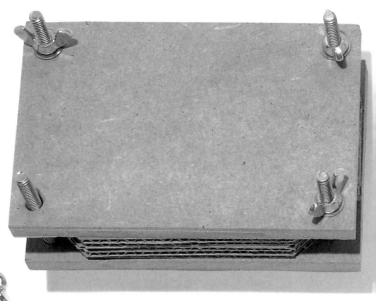

Les fleurs sont généralement de grande taille et très colorées. Leurs couleurs attirent les insectes qui se nourrissent du nectar sucré contenu à l'intérieur de chaque fleur. Certaines fleurs sont ornées de motifs invisibles à l'œil humain, mais que les insectes voient très clairement.

À TOI DE JOUER!

Rassemble des fleurs et aplatis-les dans une presse. Ne rassemble que des fleurs courantes et cultivées. Ne cueille jamais de fleurs sauvages.

Matériel nécessaire	deux planches de bois
du carton épais	quatre rondelles
du papier buvard	quatre écrous
quatre grands boulons	

Demande à un adulte de t'aider à couper les planches de bois et à percer des trous aux quatre coins. Découpe des morceaux de carton et de papier buvard de la même dimension que les planches. Coupe les coins afin que les boulons ne les traversent pas.

▶ Pose un morceau de carton sur la planche du dessous et recouvre-le avec du papier buvard. Dispose une fleur sur le buvard, recouvre-la d'un autre buvard, puis d'un autre morceau de carton. Continue de cette manière jusqu'à ce que la pile atteigne presque la hauteur des boulons.

▲ Place alors la deuxième planche sur la pile et visse les écrous fermement. Laisse l'ensemble reposer pendant au moins un mois. Plus tu attendras, plus les fleurs seront pressées et moins elles se décoloreront.

roses

bruyère mauve

pied d'alouette rose

Fleurs séchées

Tu peux faire sécher certaines fleurs en les
suspendant la tête en bas. Attache les fleurs par
leur tige et suspends-les au plafond. Certaines ne
prendront qu'une semaine pour sécher, d'autres
beaucoup plus longtemps. Certaines fleurs
se décolorent lorsqu'elles sèchent. Essaie
différentes sortes de fleurs pour voir lesquelles
se conservent le mieux. Tu peux aussi essayer
de sécher des tiges garnies de feuilles.

*De nombreuses plantes ont besoin des insectes
pour que le pollen entre en contact avec les ovules
et qu'une graine puisse se former. Les insectes,
tels que l'abeille, sont attirés par les couleurs vives
des fleurs et par le nectar sucré qu'elles produisent.
Une abeille se pose sur une fleur pour boire du
nectar et ressort en portant du pollen. Lorsqu'elle
se pose sur une autre fleur, les grains de pollen
tombent de son corps, passent dans les ovules et
les fécondent.*

▲ Dispose tes fleurs pressées sur du bristol fin.
Lorsqu'elles sont arrangées à ton goût, colle-les
avec de la colle à rustines. Si tu le souhaites, tu
peux étiqueter les spécimens de ta collection et
les ranger dans un classeur spécial.

Dès que l'ovule d'une fleur est fécondé, les graines se développent. La partie de la fleur qui contient les graines et les protège pendant leur croissance devient le fruit de la plante. Certaines plantes se contentent de laisser tomber leurs graines à proximité, mais la plupart tentent de les projeter aussi loin que possible. Le pissenlit produit des fruits qui ressemblent à des parachutes et peuvent ainsi porter les graines dans le vent. Certains fruits épineux, ceux de la bardane, s'accrochent à la fourrure des animaux. D'autres fruits délicieux sont mangés par les animaux. Les graines sont rejetées par le corps dans des haies lointaines.

citron

pépins

noyau

pêche

noix

cerneau de noix

▲ Ouvre quelques fruits et regarde à quoi ressemblent leurs graines. Les noix sont aussi des graines. Leurs coquilles sont les fruits durs des noyers ou d'autres plantes à noix.

◀ **Empreintes de spores**
Les champignons ne produisent pas de graines comme les autres plantes. À la place, ils possèdent des **spores** qui sont situées sous le chapeau.
    Prends un champignon bien ouvert et détache son pied. Place le chapeau sur une feuille de papier blanc, les lamelles dirigées vers le bas. Laisse-le une nuit entière, puis soulève doucement le champignon. Les spores devraient être tombées du chapeau, formant une empreinte.

Les graines ne commencent pas à pousser dès qu'elles entrent en contact avec le sol. Elles restent en **dormance** *jusqu'à ce que les conditions climatiques soient favorables à leur croissance. Généralement, elles attendent l'arrivée du printemps, mais certaines graines peuvent rester en dormance pendant plusieurs années.*

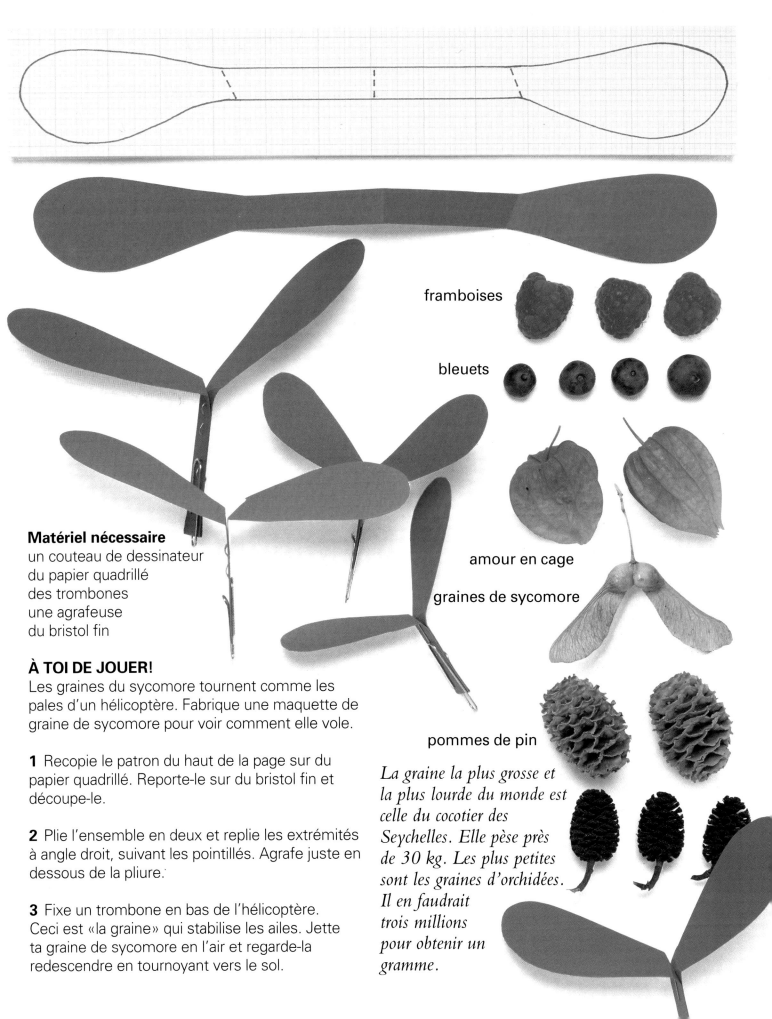

framboises

bleuets

amour en cage

graines de sycomore

pommes de pin

Matériel nécessaire
un couteau de dessinateur
du papier quadrillé
des trombones
une agrafeuse
du bristol fin

À TOI DE JOUER!
Les graines du sycomore tournent comme les
pales d'un hélicoptère. Fabrique une maquette de
graine de sycomore pour voir comment elle vole.

1 Recopie le patron du haut de la page sur du
papier quadrillé. Reporte-le sur du bristol fin et
découpe-le.

2 Plie l'ensemble en deux et replie les extrémités
à angle droit, suivant les pointillés. Agrafe juste en
dessous de la pliure.

3 Fixe un trombone en bas de l'hélicoptère.
Ceci est «la graine» qui stabilise les ailes. Jette
ta graine de sycomore en l'air et regarde-la
redescendre en tournoyant vers le sol.

*La graine la plus grosse et
la plus lourde du monde est
celle du cocotier des
Seychelles. Elle pèse près
de 30 kg. Les plus petites
sont les graines d'orchidées.
Il en faudrait
trois millions
pour obtenir un
gramme.*

Lorsque les plantes meurent, elles continuent à être utiles. Les plantes en décomposition restituent au sol leurs éléments nutritifs, le rendant riche et fertile pour la génération de plantes suivante. Dès que les plantes sont cueillies, elles commencent à se **décomposer**. Les spores de moisissure qui causent la décomposition pénètrent dans la plante dès que sa peau est endommagée. Elles se multiplient très vite et absorbent la plante qui pourrit, rétrécit et perd du poids. Les spores de moisissure sont des **micro-organismes**, on ne peut donc les voir qu'à l'aide d'un microscope.

Matériel nécessaire
des fruits et des légumes
un couteau de dessinateur
un appareil photo ou des crayons de couleurs
du papier
de la colle
du carton fin

Fais très attention aux aliments pourris! N'en mange jamais et lave-toi les mains après les avoir touchés.

À TOI DE JOUER!

Le meilleur moyen d'étudier la décomposition, c'est de la regarder en train de se produire! Coupe des fruits et des légumes en morceaux et laisse-les pourrir. Place les morceaux dans des endroits différents pour tester la durée du processus. Laisses-en quelques-uns sur un bord de fenêtre ensoleillé, d'autres dans un placard frais, d'autres encore dehors. Prends une photo tous les trois ou quatre jours, ou dessine-les et classe tes observations dans une boîte spéciale similaire à celle qui est illustrée sur la page de droite.

1 Fixe tes dessins ou tes photos sur du bristol. Découpe des intercalaires pour les séparer.

orange

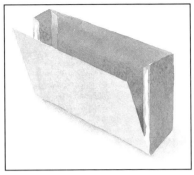

pliage et collage

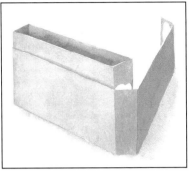

renforcement de la boîte

forme de la boîte et de son couvercle

2 Pour fabriquer ta boîte, copie les formes ci-dessus sur du carton fin. Découpe le long des lignes pleines et marque avec un objet pointu les lignes pointillées. Replie le long des lignes pointillées et colle l'ensemble.

3 Colle un morceau de carton autour de la boîte, en laissant un intervalle de 3 centimètres en haut pour pouvoir adapter le couvercle à la boîte.

▼ Les onglets de tes intercalaires doivent être décalés les uns par rapport aux autres pour être faciles à lire.

*Les **bactéries** sont des micro-organismes qui provoquent des maladies, telles que les fièvres et les maux de gorge. Il n'y avait aucun traitement pour ces maladies jusqu'à ce qu'en 1928, Alexander Fleming remarque la croissance d'une moisissure sur des bactéries en laboratoire. Les bactéries avaient été tuées par une moisissure similaire à celle qui se développe sur certains fromages! C'était la pénicilline, à laquelle de nombreuses personnes doivent aujourd'hui la vie.*

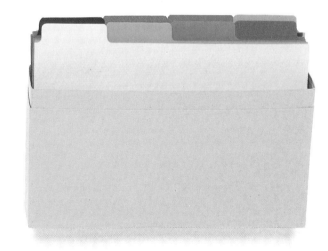

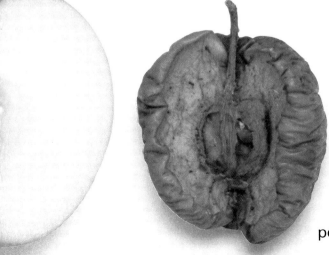

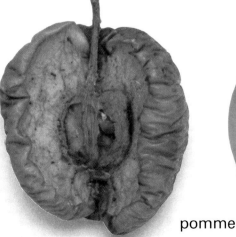

pomme

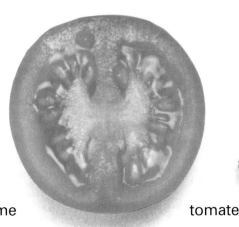

tomate

Sans conservation spéciale, les spécimens pourrissent. Si nous connaissons les plantes qui poussaient sur terre il y a des millions d'années, c'est que de nombreuses espèces ont été **fossilisées**. La plante vivante est tombée dans de la boue et y a laissé sa marque. De nouvelles couches de boue ont immobilisé la plante et se sont durcies, se transformant en pierre. La trace de la plante a ainsi été conservée dans ses moindres détails. On trouve des fossiles végétaux, surtout de fougères et de mousses, dans toutes sortes de roches. Beaucoup d'entre eux, surtout des racines d'arbres, ont été retrouvés dans des mines souterraines.

▲ Peux-tu repérer le fossile d'une plante dans ce morceau de charbon?

1

2

À TOI DE JOUER!

Crée ton propre «fossile». Il conservera définitivement l'empreinte de ton spécimen, même du plus délicat. Utilise de la glaise à modeler et du plâtre de moulage. Un modèle en trois dimensions te permettra d'examiner la forme et la texture de tes spécimens, longtemps après que les plantes elles-mêmes auront disparu.

1 Étends la glaise à modeler au rouleau. Elle doit être lisse et d'épaisseur régulière. Pose le spécimen dessus, et enfonce-le dans la glaise avec tes doigts ou avec le rouleau.

2 Enlève délicatement le spécimen de la glaise.

Matériel nécessaire
du bristol
un rouleau
des trombones
du plâtre de moulage
de la glaise à modeler
un spécimen de plante

*Le charbon est le résultat de la décomposition, pendant des millions d'années, de plantes et d'arbres qui ont été engloutis dans le sol et recouverts de terre. Le poids des couches supérieures a progressivement comprimé cette végétation en décomposition, formant ainsi une masse de tourbe solide. Avec le temps, la tourbe s'est durcie et est devenue du charbon. Parfois, on peut voir dans un morceau de charbon des fossiles de cosses de graines ou de racines. Toute l'énergie qui se trouvait dans ces plantes lorsqu'elles étaient vivantes a été transformée en une substance qu'on appelle du **carbone**, qui nous fournit encore aujourd'hui de l'énergie.*

▶ Pour éviter que tes moulages en plâtre ne soient abîmés, tu peux les ranger dans une boîte peu profonde remplie de sciure propre. Tu peux aussi peindre tes moulages afin de montrer les couleurs des spécimens originaux.

3

4

5

3 Découpe une bande de bristol et forme un cercle. Maintient ses extrémités à l'aide d'un trombone. Appuie sur le cercle pour qu'il s'enfonce dans la glaise à modeler autour de l'empreinte.

4 Prépare une petite quantité de plâtre de moulage, que tu verseras à l'intérieur du cercle.

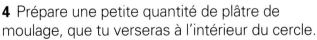

4

5

5 Laisse le moulage reposer jusqu'au lendemain afin que le plâtre ait le temps de durcir suffisamment. Enlève ensuite la glaise et le cercle de bristol.

As-tu remarqué que les taches de betterave ne partent pas au lavage? La betterave, ainsi que de nombreuses autres plantes, est une teinture naturelle. De nos jours, la plupart des vêtements sont teints à l'aide de produits chimiques, mais pendant des siècles, les gens se sont servis de plantes pour créer des couleurs.

À TOI DE JOUER!

Teins du tissu en coton à l'aide de pelures d'oignon.

1 Épluche un gros oignon brun, et mets les pelures dans un carré de mousseline que tu refermera à l'aide d'une ficelle. Plonge-le ensuite dans une casserole remplie d'eau froide.

2 Mouille le tissu à teindre et plonge-le dans la casserole. Fais chauffer l'eau jusqu'à ce qu'elle frissonne, puis laisse mijoter jusqu'à ce que le tissu ait pris la couleur voulue (de vingt minutes à trois heures). Remue le mélange régulièrement.

3 Avec la cuillère, enlève le tissu de la casserole. Rince-le à l'eau tiède jusqu'à ce que l'eau ne soit plus teintée. Laisse-le sécher à l'air libre.

Fais attention!
Les casseroles remplies d'eau bouillante sont dangereuses. Vérifie que ta casserole est assez grande pour contenir le tissu sans déborder. Demande toujours à un adulte de t'aider quand tu fais bouillir de l'eau.

Matériel nécessaire
Pour teindre le tissu
une grande casserole
des pelures d'oignon
un carré de mousseline
une cuillère en bois
Pour la teinture à motifs
des billes et des cailloux
de la ficelle à rôti
Pour conserver la teinture
une passoire à thé
des bocaux de verre

La teinture à motifs

Pour dessiner des motifs lorsque tu teins un tissu, il suffit d'empêcher que la teinture ne touche certaines parties du tissu.

1 Pour un résultat varié, fais un ou plusieurs noeuds dans le tissu. Moins les noeuds sont serrés, plus la teinture pénétrera dans le tissu.

2 Pour un motif à rayures, enroule le tissu de manière à former une sorte de saucisson. Ensuite, attache-le fermement avec de la ficelle à intervalles réguliers si tu veux des rayures régulières ou à intervalles irréguliers si tu recherches un effet plus varié.

3 Pour un motif circulaire, place un caillou ou une bille au milieu, plie le tissu autour et attache-le avec une ficelle. Tu peux utiliser plusieurs billes de la même taille, ou tu peux faire varier le motif en te servant de cailloux de tailles différentes.

Pour conserver la teinture

Tu peux réutiliser ta teinture à condition de la débarrasser des particules de matière végétale qui se décomposeraient rapidement. Même si tu as bien fermé le sac de mousseline, il est inévitable que des petits morceaux s'en échappent. Lorsque la teinture a refroidi, filtre-la à travers une passoire et verse-la dans des bocaux de verre avec des couvercles à vis. Étiquette les bocaux et garde-les dans un placard sombre, car la lumière du soleil ferait passer la couleur. Dès que tes teintures prennent un aspect trouble, jette-les.

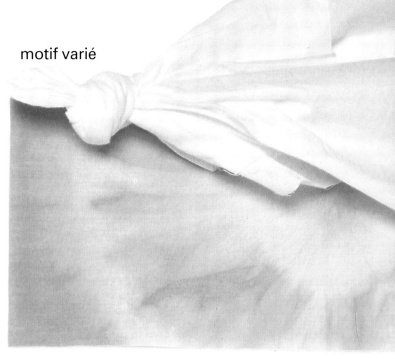

motif varié

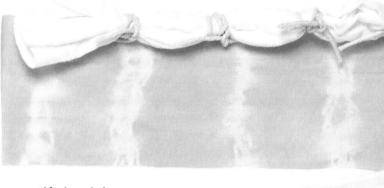

motif à rayures

motif circulaire

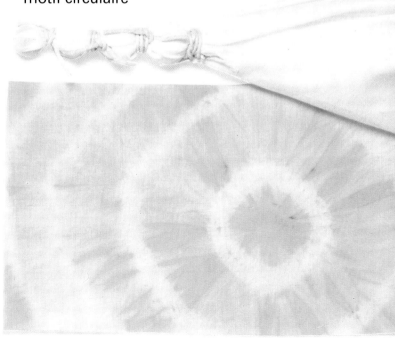

Joue avec les couleurs

Maintenant que tu sais extraire des teintures, essaie d'employer différentes plantes, racines et feuilles. Certaines donneront de très bons résultats, d'autres en donneront de moins bons. Les résultats seront différents selon le tissu. Le coton sortira plus pâle que la laine, parce qu'il absorbe moins bien la teinture.

Certaines teintures naturelles ne sont pas stables et le tissu finira par perdre sa couleur si tu n'y ajoutes pas un produit fixateur. Le fixateur se combine avec la teinture pour que la couleur pénètre dans les fibres du tissu et qu'elle ne passe pas.

▶ Toutes les plantes illustrées ici produiront des teintures naturellement stables. Suis les indications de la page précédente, en n'oubliant pas de mettre les plantes, les racines, les pelures ou la poudre dans un sac de mousseline. Si tu veux utiliser de la poudre de curcuma (c'est une épice employée dans la cuisine indienne), tu devras te servir d'une double épaisseur de mousseline. Remarque que la couleur des tissus teints avec les fleurs jaunes de la verge d'or est en fait plus marron que jaune.

Autrefois, les teintures les plus populaires comprenaient le jaune intense obtenu à partir des étamines du safran, le bleu foncé de l'indigo des Indes (connu aujourd'hui comme la couleur de nos jeans) et le rouge orangé du henné employé pour teindre les cheveux.

Les Phéniciens ont découvert que les coquilles de certains escargots de mer, une fois broyées, produisaient un beau pourpre. C'était une teinture très coûteuse, et seuls les riches nobles pouvaient se permettre de porter ce tissu pourpre. Chez les Romains en particulier, on a fini par associer cette couleur à la richesse et au pouvoir et, encore aujourd'hui, les rois et les reines portent des habits de cérémonie d'un pourpre profond.

thé en sachets ou en vrac

poudre de curcuma

peaux d'avocat

betterave

pelures d'oignon

verges d'or

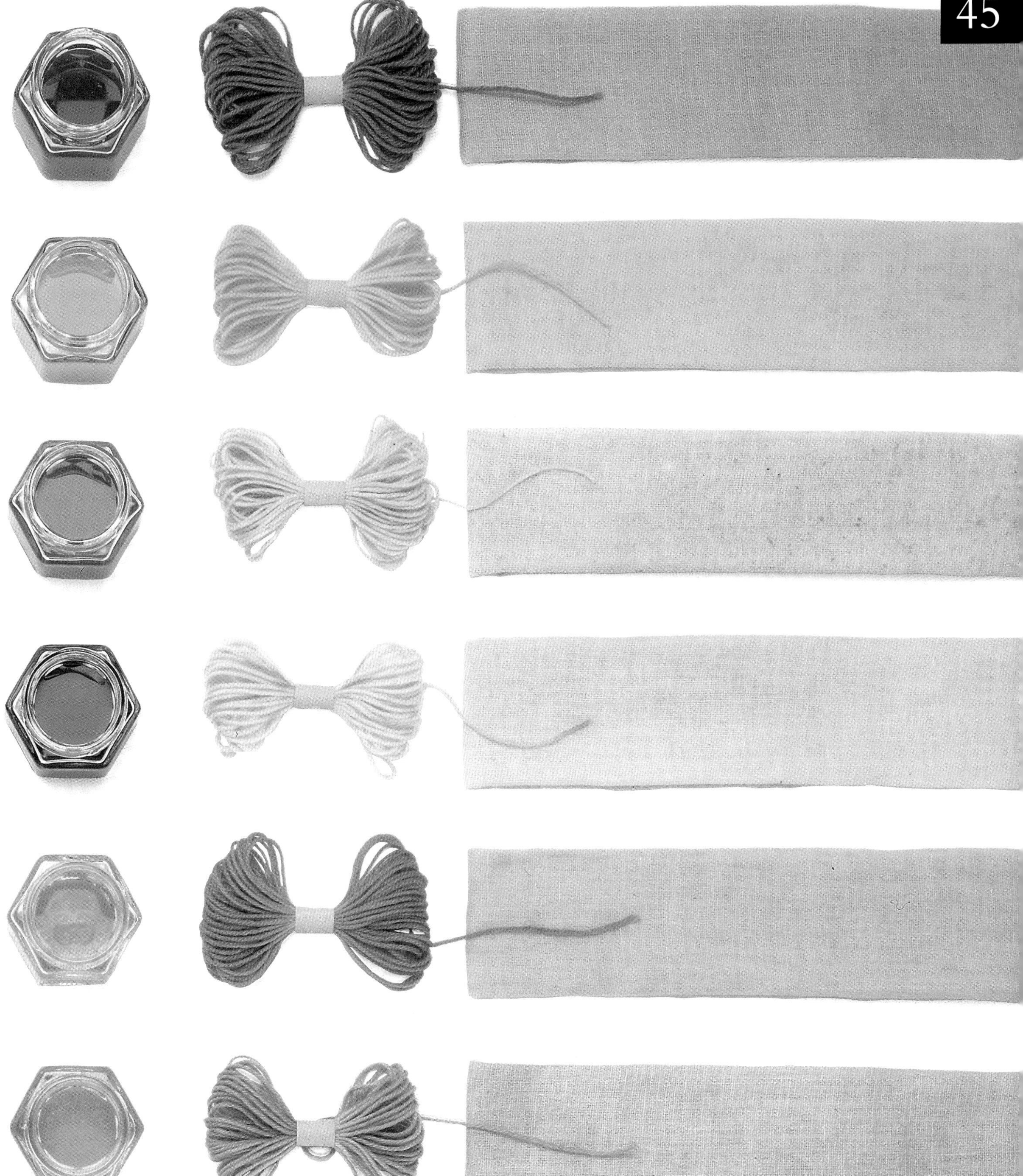

Algue Plante simple vivant dans l'eau ou dans des milieux humides. Certaines algues sont si petites que l'on ne peut pas distinguer les plantes individuelles, qui s'agglutinent pour former une masse visqueuse. D'autres algues, par exemple le varech, sont beaucoup plus grosses.

Bactérie Plante microscopique. De nombreuses bactéries sont à l'origine de maladies.

Carbone Substance qui existe sous de nombreuses formes différentes et se trouve dans toutes les plantes. Le charbon est une sorte de carbone; il est constitué des restes décomposés de plantes et d'animaux morts il y a plusieurs millions d'années.

Carpelle Partie femelle de la fleur où sont produites les graines. Les carpelles contiennent les œufs et une zone collante qui retient le pollen.

Cataloguer Cataloguer des informations consiste à organiser, énumérer et stocker ces informations afin de pouvoir les retrouver facilement à tout moment.

Champignons Les champignons sont des plantes sans fleurs ni chlorophylle. Certains champignons sont comestibles, d'autres sont vénéneux.

Chlorophylle Substance chimique présente dans la tige et les feuilles des plantes, qui leur donne leur couleur verte. Elle tire son énergie du soleil et transforme la lumière en nourriture pour la plante.

Conifères Plantes dont les fruits poussent en forme de cônes, comme les pins, les sapins et les cèdres.

Corolle Anneaux de pétales qui forment une fleur.

Décomposition Détérioration ou pourrissement. Les plantes mortes se décomposent grâce aux bactéries.

Données Informations rassemblées de manière organisée.

Dormance Être au repos ou endormi. Lorsque les plantes sont en dormance, elles ne poussent pas.

Environnement Conditions de vie d'une plante ou d'un animal. Tout être vivant a besoin d'un environnement spécifique (par exemple un type de terrain, une nourriture et un climat donnés) pour survivre.

Espèce Groupe d'animaux qui se ressemblent et se comportent de manière similaire.

Étalonné On dit d'un objet qu'il est étalonné s'il est marqué de telle façon qu'il puisse être employé pour mesurer d'autres objets. Une règle, par exemple, est un objet étalonné en bois ou en plastique.

Étamine Partie mâle de la fleur. Elle est constituée d'une tige surmontée de deux sacs de pollen.

Évaporation L'évaporation est la transformation d'un liquide en gaz. Par exemple, lorsque l'eau s'évapore, elle se transforme en vapeur d'eau.

Feuilles caduques Les plantes à feuilles caduques perdent leurs feuilles à l'automne.

Fossiles Les pierres qui contiennent une empreinte ou des restes de plante ou d'animal ayant vécu pendant la préhistoire.

Fougères Plantes qui poussent dans des zones boisées et humides. Leurs feuilles s'appellent des frondes.

Gaz carbonique Gaz incolore et inodore. Il entre pour une bonne part dans la composition de l'air que nous respirons.

Hormones Les produits chimiques qui servent à la croissance des plantes et des animaux.

Lichens Les lichens sont des plantes simples qui poussent en masses compactes, comme la mousse. Elles n'ont pas besoin de terre.

Micro-organismes Plantes ou animaux trop petits pour être visibles à l'œil nu. Les bactéries sont des micro-organismes.

Mousses Plantes simples et minuscules qui se reproduisent à partir de spores et non de graines. Les mousses poussent en masses importantes dans les endroits sombres et humides.

Photosynthèse Le procédé par lequel les plantes utilisent la lumière du soleil pour transformer l'eau et le gaz carbonique en nourriture.

Pollen Poudre qui contient les cellules mâles nécessaires à la reproduction d'une plante.

Reproduction Création d'une nouvelle vie. Les humains se reproduisent en ayant des bébés, les plantes, en créant des graines.

Scientifique Personne qui étudie le monde de manière systématique, en essayant de comprendre son fonctionnement.

Sépale Partie extérieure du bouton de la fleur. Il protège les pétales qui se développent à l'intérieur.

Sève Liquide sucré que les plantes fabriquent par photosynthèse pour se nourrir.

Spécimen Échantillon de plante ou d'animal.

Spores Les cellules de plantes, ni mâles, ni femelles. Les plantes simples sans fleurs se reproduisent à partir de spores.

Théorie Idée proposée pour expliquer un phénomène. Les théories scientifiques doivent être vérifiées par des expériences.

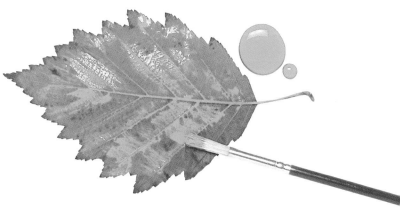